MEHL

Für Kilian & Emilie ...

... und Steffi, die mir in all den Jahren
beim Schreiben der JUMBO-Bücher
immer mit Rat und Tat zur Seite stand.
Ich wünsche Dir alles Gute!

Andrea Reitmeyer, 1979 in Ostfriesland geboren, studierte Kommunikationsdesign an der Fachhochschule für Gestaltung in Mainz. Heute arbeitet sie als freie Illustratorin und Autorin. Ihre Bücher »Emily und das Meer«, »Emily, der Wind und die Wellen«, »Kater Paul und der rote Faden«, »Elio möchte groß sein« und »Igel Igor mag das nicht« sind im JUMBO Verlag erschienen. Andrea Reitmeyer lebt mit ihrer Familie in Mainz.

MIX Papier aus verantwortungsvollen Quellen FSC® C014138

ISBN 978-3-8337-3686-5

Text und Illustrationen: Andrea Reitmeyer
Redaktion: Julia Stefanie Kress, Sabrina Friedl
Grafische Bearbeitung: Sarah Bajwa, Hanna Wienberg
Druck: FINIDR, s. r. o., Tschechische Republik
Die deutsche Bibliothek – CIP-Einheitsaufnahme

Andrea Reitmeyer

Emily auf dem Bauernhof

JUMBO

Endlich Ferien! Emily besucht dieses Jahr Onkel Theo und Tante Marie auf dem Bauernhof. Sie freut sich schon besonders auf morgen, dann feiert Bauer Theo seinen 40. Geburtstag.

»Schön, dass du da bist!«, begrüßt Tante Marie Emily, und Oskar, der Hund, freut sich mit.
»Wir müssen viel vorbereiten für Theos Geburtstag. Vielleicht hast du Lust, mir beim Backen zu helfen? Ich denke an einen leckeren Gugelhupf mit saftigen Äpfeln. Hier ist eine Liste der Zutaten.«
Emily ist begeistert. Im Vorratsschrank findet sie allerdings nur Backpulver und Zucker. Es fehlen noch Mehl, Milch, Butter, Eier und Äpfel. Sie greift nach ihrem Rucksack und will zum Einkaufen aufbrechen.
»Warte, Emily«, lacht Marie. »Wir sind doch auf einem Bauernhof. Die Zutaten findest du alle hier. Aber komm nicht zu spät zurück, der Kuchen soll heute Abend fertig sein.«
Etwas unsicher geht Emily mit Oskar und ihrer Liste los.
Es riecht nach frischem Heu und nach Schweinestall. Von dort hört sie ein Grunzen und Planschen.

BACK
PULVER
Puder
zucker

Die Schweine sind beschäftigt. Sie suhlen sich in einer großen Matschkuhle. Das macht bestimmt riesigen Spaß! Manche kann man unter ihrer dicken Schlammkruste kaum noch erkennen.

»Hallo Schweine, ich will einen Kuchen backen. Könnt ihr mir helfen?«

»Keine Zeit«, grunzt Hausschwein Ludger. »Wir baden den ganzen Tag im Schlamm, der kühlt und schützt unsere Haut vor der Sonne!«

Wie nützlich, denkt Emily. Dann hört sie ein lautes »Kikerikiiiii«. Sie läuft zum Hühnerstall.

»Hallo, liebe Hühner! Könnt ihr mir ein paar Eier abgeben?«
Das Huhn Mathilde gackert: »Nein, das geht nicht, die brauchen wir alle für unseren Bauern Theo.«
Emily entgegnet: »Aber die sind ja für ihn. Tante Marie und ich backen einen Geburtstags-Überraschungskuchen. Und dafür brauchen wir Eier.«
»Eine Überraschung für unseren Theo? In dem Fall machen wir gerne eine Ausnahme.«
»Vielen Dank! Aber ihr dürft nichts verraten!«
»Ehrenwort«, verspricht Mathilde und zwinkert Emily zu.

Emily sieht auf ihre Liste. Fehlen noch Milch, Butter, Mehl und Äpfel.
Sie schaut sich um. Da, hinter dem großen Feld – Bäume. Obstbäume!
Das laute Brummen eines Traktors ist aus der Ferne zu hören.
»Wer zuerst beim Traktor ist ...!«, ruft Emily und rennt los.
Oskar bellt und läuft mit wedelndem Schwanz hinterher.

Vorsichtig nähern sich Emily und Oskar den Landmaschinen.
Eines dieser Ungetüme schneidet die Ähren ganz kurz und verschluckt sie mit seinem riesigen Maul. Aus einem langen Rohr kommen Körner und landen direkt im Anhänger des Traktors.
»Emily, hier ist es viel zu gefährlich!«, ruft Theo den beiden zu. Emily blickt verlegen zu Boden.
»Wir wollten zur Obstwiese und eine Abkürzung durchs Feld nehmen …«

»Na, dann spring mal rauf, ich habe noch Platz!«
Das lässt Emily sich nicht zweimal sagen. Mit einem kräftigen Sprung sitzt sie neben Onkel Theo.
»Der Mähdrescher schneidet die Ähren ganz kurz ab und klopft die Körner raus«, erklärt Theo. »Ich muss sie dann noch in Säcke füllen und dem Müller zum Mahlen bringen. Der macht daraus feinstes Bio-Mehl.«
»Also Mehl, mit dem man backen kann?«, fragt Emily zaghaft.
»Ganz genau, und das kannst du dann in unserem Hofladen kaufen.«
Emily strahlt und kann es kaum erwarten, später im Hofladen vorbeizuschauen.

Onkel Theo begleitet Emily zur Streuobstwiese. Dort gibt es viele Bäume.
An ihren Zweigen wachsen Birnen, Mirabellen, Pflaumen und vor allem: Äpfel.
»Ich muss wieder an die Arbeit! Bis nachher!«, ruft Onkel Theo.

Emily entdeckt einen besonders großen Baum mit dicken, roten Äpfeln.
»Die sind genau richtig für unseren Kuchen!«, freut sie sich. Sie klettert auf den Baum und pflückt ein paar davon. Einen muss sie sofort probieren. Mmmh! Süß und saftig.
»Oskar, das wird der beste Geburtstagskuchen aller Zeiten!«, lacht Emily.

Es fehlen noch Mehl, Milch, Butter. In der Nähe grasen die Kühe. Emily hat eine Idee und geht zur Weide.
»Liebe Kuh, ich möchte mit Tante Marie einen Kuchen backen, mir fehlt aber noch die Milch. Und ihr seid doch Expertinnen für Milch! Kannst du mir helfen?«
Elise, die Kuh, stupst sie sanft mit den Hörnern an. »Ja! Du hast Glück, gleich ist Melkzeit! Meine Schwestern haben es sich schon im Stall gemütlich gemacht. Komm mit!«
Emily folgt Elise in den Stall.

Im Stall hat jede Kuh ihren eigenen Melkplatz.
»Möchtest du mir helfen?«, fragt Stefan, der Hofhelfer.
»Na klar!«
Er holt einen Schemel und sie setzen sich neben Elise. »Normalerweise benutzen wir die Melkmaschine. Aber wir versuchen mal, sie mit der Hand zu melken.«
Bald gelingt das auch Emily. Und schon ist eine kleine Kanne voll mit warmer, frischer Milch. »Vielen Dank, Elise!«
Elise ist sehr stolz. Wird sie fast ein bisschen rot?

Rosi
+ Lina
Ema
Ilvi

Emily kommt am Hofladen vorbei. Als sie hineingeht, staunt sie nicht schlecht. »Das alles gibt es hier auf dem Bauernhof? Auch das Mehl vom Weizenfeld und Butter von der Kuh Elise?«
»Na klar«, antwortet die Verkäuferin Anne. »Das Mehl hat uns der Müller geliefert und die Butter kommt aus der Molkerei.« Sie schmunzelt und gibt ihr die fehlenden Zutaten.
»Viel Spaß beim Backen, Tante Marie sucht dich schon«, flüstert Anne. Emily beeilt sich, die Sonne geht langsam unter.

Hofladen
MEHL

Emily stürmt in die Bauernstube. »Da bist du ja«, freut sich Marie.
»Hast du alles gefunden?«
»Ja, und ich hab viel erlebt! Die Schweine waren so lustig, die Hühner ganz aufgeregt. Der Traktor hat Krach gemacht, und ich bin in den hohen Apfelbaum geklettert. Und hier ist Elises Milch. Ich habe sie selbst gemolken!«
»Das klingt nach einem ganz wunderbaren Tag.«

Emily und Marie vermengen Butter mit Zucker, sieben Mehl und Backpulver hinein, fügen die verquirlten Eier und Milch hinzu. Sie schneiden die Äpfel in kleine Stücke, verrühren alle Zutaten zu einem Teig. Dann füllen sie ihn in eine Gugelhupfform. Schon bald zieht ein wunderbarer Kuchenduft durch die Bauernhofküche.
Aber nun ins Bett! Das war ein langer Tag.

Am nächsten Morgen stehen alle besonders früh auf. Sie wollen Theo noch vor dem Frühstück überraschen. Den Kuchen haben Emily und Marie mit Puderzucker und Kerzen geschmückt.
»Herzlichen Glückwunsch zum Geburtstag!«, jubeln sie. Lautes Muhen, Gackern, Grunzen und Blöken erfüllt den Raum, denn auch die Tiere sind gekommen, um Theo zu gratulieren.
Der fällt fast aus seinem Bett. Aber als er den Kuchen sieht, ist der Schreck schnell vergessen.
»Die Tiere haben mir beim Sammeln der Zutaten geholfen, das ist ein echter Bauernhofkuchen!«, freut sich Emily. »Na, dann wird er auch von allen gemeinsam gegessen«, erwidert Theo.
»Heute Nachmittag feiern wir im Garten!«

Emily freut sich schon auf die nächsten Tage bei Theo und Marie! Vielleicht backen sie noch echtes Bauernhofbrot, ernten frisches Obst und Gemüse, oder machen einen Reitausflug mit den Pferden? Auf dem Bauernhof gibt es immer eine Menge zu tun!

Rezept Apfel-Gugelhupf

Hast du Lust, Emilys Bauernhofkuchen nachzubacken?
Deine Eltern helfen dir bestimmt. Die Zutaten kennst du ja schon. Wenn es in deiner Nähe keinen Bauernhof gibt, kannst du sie natürlich auch im Supermarkt bekommen.

Und das brauchst du für deinen Apfel-Gugelhupf:

250 g Butter
200 g Zucker
1 Päckchen Vanillezucker
400 g Mehl
1 Päckchen Backpulver
200 ml Milch
4 Eier (getrennt)
1–2 Äpfel (je nach Größe und Geschmack)

Die Butter schlagt ihr gemeinsam mit dem Zucker und Vanillezucker schaumig. Dann trennt ihr das Eigelb vom Eiweiß und vermischt den Eidotter mit dem Butter-Zucker-Schaum.
Das Backpulver wird zum Mehl gegeben und abwechselnd mit der Milch unter den Teig gerührt. Das Eiweiß schlagt ihr so lange, bis es schaumig geworden ist. Danach wird es unter den Teig gehoben, so wird der Kuchen schön fluffig.
Zum Schluss schält ihr ein bis zwei Äpfel, entkernt diese und hebt die geschnittenen Apfelstücke vorsichtig unter den Teig.
Nun ist der Kuchen fast fertig und muss nur noch in den Backofen. Dazu heizt ihr diesen auf ca. 175 Grad vor. Die Teigmasse füllt ihr in eine vorgefettete Gugelhupfform und stellt diese in den Backofen. Nach ca. 55 Minuten ist der Kuchen fertig. Nun könnt ihr noch etwas Puderzucker über euren Kuchen streuen.
Fertig! Viel Spaß beim Backen.

MEHL
MEHL
MEHL
MEHL
MEHL
MEHL
MEHL
MEHL